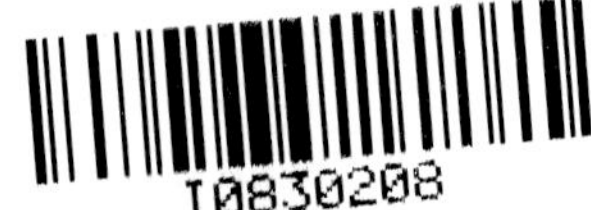

I0830208

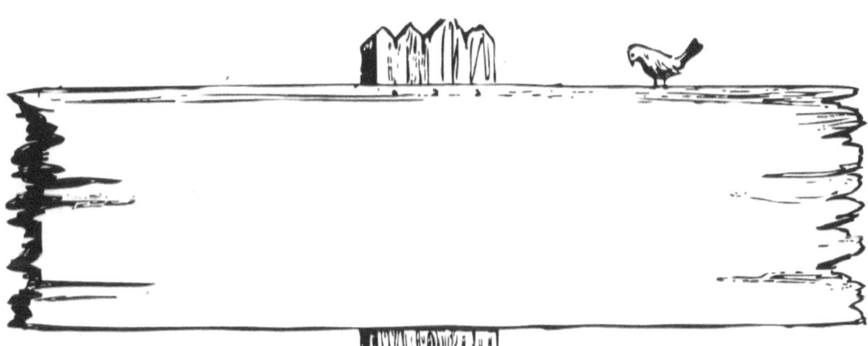

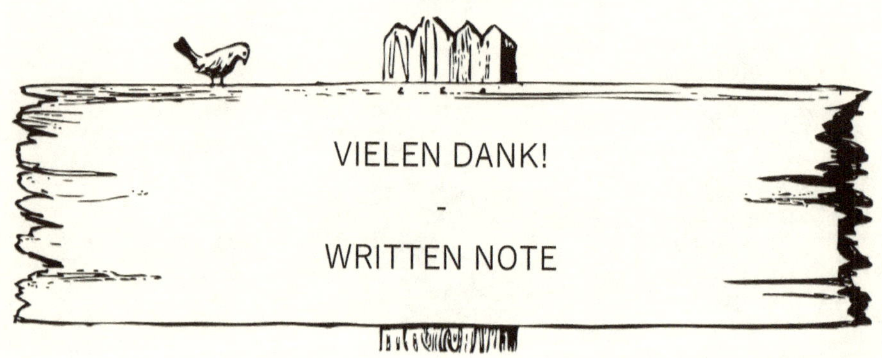
VIELEN DANK!
-
WRITTEN NOTE

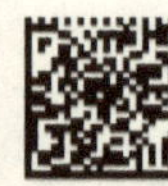
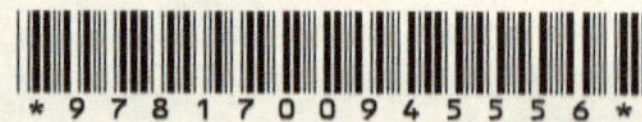